Inclusión en educación…

creo que sería una buena idea

HUMBERTO GUERRERO

A Pabla

Contenido

PRÓLOGO 1

"...no habrá justicia social global, sin justicia cognitiva global".

"La ceguera de los otros, en especial de los otros del pasado, es tan recurrente cuanto fácil de identificar. Pero si es así, sea lo que fuera que dijéramos hoy sobre la ceguera de los otros, será probablemente visto en el futuro como señal de nuestra propia ceguera, (...) Sostengo que la conciencia de nuestra ceguera, que somos forzados a ejercer en cuanto desvelamos la ceguera de los otros, debe estar en el centro mismo de una nueva actitud epistemológica ".

Boaventura de Souza Santos. Una epistemología del Sur.

El contenido de este libro nos sumerge en un territorio especializado y complejo, en una temática cuyos conocimientos permanecen siempre inacabados, incompletos y, por lo tanto, abierto a la reflexión fecunda.

Humberto propone aquí, un diálogo intenso con distintos documentos, investigaciones y opiniones de diversos especialistas sobre el autismo, haciendo foco en el discurso escolar "oficial" y los estereotipos que el mismo instituye: la Escuela se ha tornado, como bien la caracteriza Guerrero, en una "fábrica de mismidad", promoviendo "calidad sin calidez" y obturando la posibilidad de dar voz a los actores sociales que convergen en su ámbito.

También se interroga sobre algunas de las razones por las que la inclusión fracasa y a partir de sus reflexiones, podremos observar que muchas de estas razones se vinculan con el desconocimiento o ceguera, por un lado y la resistencia por el otro, de diversos actores del sistema educativo respecto a que el aprendizaje y sus formas de producción, constituyen construcciones singulares y personales al menos en el género Homo. Esta característica del "aprender", tan específicamente humano, se vuelve sin embargo para algunos un obstáculo en lugar de ser un facilitador de invención e investigación en el ámbito educativo y clínico que promueva alternativas metodológicas al paradigma de productividad que se ha impuesto en nuestras sociedades latinoamericanas.

Guerrero, en su condición de profesional clínico y especialista de larga data en el campo del Autismo, nos acompaña en un recorrido histórico que describe las "tecnologías" que cada sociedad desarrolla, para "excluir" o "incluir" a sujetos que se alejan del ideal de normalidad y que es prevalente en diferentes momentos socio-históricos; también nos interna en el escabroso bosque de las voluntades políticas y de la toma de decisiones en el mundo de la Educación, que parece siempre dilucidarse en un binarismo denunciado por Chomsky, que hace a la problemática de la educación "como inversión o como vocación".

En su última parte, el libro se nutre del trabajo de investigación en el que ha participado: encuestas a padres y docentes en referencia a la percepción del trabajo y metodologías de enseñanza y aprendizaje empleadas con los niños con TEA, como también las expectativas, las ventajas y desventajas y las diversas cosmovisiones que sustentan sobre el universo autista que les resulta un paraje tan ajeno y misterioso.

Por sus hipótesis, sus reflexiones y su capacidad de abrir debate y reelaboración fundada, este es un libro imprescindible, necesario, tal como lo son las personas estudiosas y comprometidas como el querido amigo Humberto Guerrero, que generan una pedagogía insurgente, que abren caminos para generar mejores reales posibles.

Prof. Silvia Pérez Fonticiella.[1]
Neuropsicóloga
Consultora en Neurociencia
cognitiva.
Córdoba, Argentina. 2018.

---

[1]Silvia Pérez Fonticiella, Docente Investigadora premiada Coautora de varias publicaciones, Su Investigación fue valorada por el Prof. Dr. Alan Kaufman Universidad de Columbia-Universidad de Yale. USA   2011. [Dr. Alan Kaufman -Autor Test K-ABC , K-Bit y colaborador con Wechsler en la elaboración de la escala de inteligencia WISC III], actualmente es consultora y creadora de IINNUAR (Equipo interdisciplinario de investigaciones y capacitación en Neuropsicología, Psicopedagogía, Sociología Clínica y Neurociencia Cognitiva)

PRÓLOGO 2

Sería buena idea... Así se titula y así concluye este libro. En la medida que discurría entre los argumentos que Humberto Guerrero plantea en el texto, me fui convenciendo que, efectivamente, sería buena idea. El título de por sí resulta sugestivo, se constituye en una invitación abierta a la lectura. Pero no es cualquier lectura la que este libro propone, demanda de lectura crítica, de cuestionar y cuestionarnos ante cada uno de los argumentos que presenta.

Este "panfleto", como en un momento le llamó el autor, es un manuscrito que marca un punto en la historia educativa de nuestro subcontinente hispanoamericano. ¿Y por qué me atrevo a formular esta afirmación? Por una sencilla razón: cuestiona, sin reparo, lo que estamos haciendo para incrustar niños con Autismo en un modelo educativo que de por sí es excluyente. ¿Y por qué digo incrustar? Porque eso es lo que en la mayoría de casos estamos haciendo, forzar a niños a entrar a un sistema que no está preparado para recibirles, pero que debe hacerlo.

Ha sido gran agrado ser de los primeros lectores de este "panfleto" revolucionario y alborotador de conciencias. Producto esperable de la mente inquieta de quien lo ha imaginado, concebido poco a poco y entregado para ser editado y distribuido. Mi conciencia y yo no hemos quedado igual al final de su lectura, me ha provocado muchas inquietudes. He quedado ordenadamente caótico, buscando como llevar a la realidad eso que se planteó inicialmente como "sería una buena idea".

Desde la parte introductoria, el lector queda prendido por el manifiesto revolucionario y de denuncia que Humberto realiza con mucha elocuencia, con tal agilidad en el uso del lenguaje que resulta claro, sumamente claro, que estamos hablando de inclusión por una sencilla razón: porque somos excluyentes. Hemos forjado un sistema educativo tirano que prescinde de una de las características fundamentales y definitorias del ser humano: su individualidad. Esta individualidad lo hace único, exclusivo, irrepetible, cuyo igual es imposible de encontrar en toda la inimaginable inmensidad del universo; sin embargo, el sistema escolar lo aniquila homogenizándolo, haciéndolo estándar, medible y comparable, buscar "igualizarlo" a otros y aunque el término suene extraño, he de decir que no encontré otra forma para describir esa aberración de la naturaleza humana que se pretende realizar a través de las escuelas metiéndonos en la "monotonía uniforme" que en su momento anunciara Claude Levi Strauss (1979).

Nos movemos ahora en un mundo escolar caracterizado por la exigencia de etiquetas de clasificación para cierta parte de su población: aquellos para los cuales es incompetente y justifica su incompetencia con una etiqueta diagnóstica que, aunque diga muchas cosas, en ningún caso abarca todas las dimensiones posibles del ser humano.

¿Para qué necesita la escuela el diagnóstico? Esta es una pregunta cuya respuesta tiene una dimensión ética por cuanto el diagnóstico es un asunto privado, que discurre entre el profesional tratante y su paciente; no es de dominio público y mucho menos puede exigírsele el brindarlo para proporcionarle el acceso a los servicios a los cuales tiene derecho por su condición de ser humano, de escolar y no por las formulaciones realizadas al final de un acto clínico. Luego el diagnóstico "privado" aparece en una serie de documentos y reportes, internos, externos, de cualquier tipo; despojándolo de su naturaleza privada y resguardado por el secreto profesional, en un asunto de dominio público que debería ser considerado una violación al derecho de su privacidad y al respeto de su integridad.

Respaldado con una serie de datos estadísticos muy bien

seleccionados, Humberto Guerrero hace ver la magnitud de los Trastornos del Desarrollo y, de manera especial, los relacionados con la incidencia y prevalencia de los Trastornos del Espectro del Autismo. Dos conclusiones surgen inmediatamente al revisar toda esa información numérica: a) la magnitud del problema es grande y más grande aún en cuanto pasan los años, y b) la sociedad en general y la escuela en particular, no parecen estar listas para enfrentar esa creciente población con Trastorno del Desarrollo. Y enfatiza un punto determinante: la formación del profesorado, su capacitación permanente para hacer frente a las diversas exigencias de la profesión que han escogido. Presenta un argumento cuya realización es necesaria para mejorar el sistema escolar: "el docente como científico, el docente investigador"; solo bajo esa mirada quien enseña en la escuela puede ser competente e impregnar de ello a la comunidad educativa.

Siempre hay profetas. El profeta no es un anunciador de augurios, buenos o malos. El profeta es una voz que se levanta para denunciar la injusticia, la opresión, los sistemas violentos. El profeta es alguien cuya visión le permite descubrir muchas manifestaciones en los signos de los tiempos y que lo manifiesta para que los demás le escuchen. Esto que Humberto Guerrero ha escrito es un libro profético, en consecuencia, su autor es un profeta.   No me cabe duda en esta afirmación.

Hay libros que nacen para provocar controversia, este es uno de ellos.

Dr. Carlos E Orellana Ayala[2]
Médico Neuro Pediatra
Ciudad de Guatemala, 2018

---

[2] Médico y Cirujano, Pediatra, Neurólogo Pediatra, Especialista en Neurodesarrollo. Director del Centro Escolar FAMORE y Coordinador del Programa de Formación en Neurodesarrollo (Escuela de Postgrado, Facultad de Ciencias Médicas, Universidad de San Carlos de Guatemala).

Introducción

Estas fueron palabras que le escuche a Theo Peeters, parafraseando a Gandhi cuando se le preguntó qué opinaba de la civilización occidental pronunció la famosa respuesta: "Creo que sería una buena idea". Con este título un pequeño homenaje al Maestro Theo Peeters, recientemente fallecido. (11 de marzo de 1943 – 2 de marzo de 2018, neurolingüista belga que se especializó en los desórdenes del espectro autista. Fue una de las autoridades mundiales en éste campo sus charlas alrededor del mundo han demostrado que fue una de las personas con más conocimiento y compasión en el tema del autismo. Su discurso enfatizó, la importancia del entendimiento de la "cultura del autismo", de empatizar completamente con los individuos en el espectro.)

Así lejana parece la posibilidad de acercar el concepto de inclusión a los modelos educativos. Quizás porque no se trata de un modelo diferente, sino de un concepto diferente; una manera diferente de pensar al sujeto diferente.

Tenemos que considerar las diferencias humanas como valor y no como defecto. (López Melero, 2018)[3]

Si pensamos en la escuela y los niños, todo tiene un carácter redundante de homogeneidad; los guardapolvos, batas, uniformes,

[3] Entrevista por Patricia Pineda, Crónica Universitaria Diario Sur al Dr. Miguel López Melero; el 20 de Marzo del 2018.- http://www.diariosur.es/cronica-universitaria/profesores-deben-saber-20180320000742-ntvo.html

bancos y pupitres pensados a partir de una misma ergonomía, las edades por cursos, los peinados, los modos formales, los maestros, las estructuras y por supuesto los contenidos académicos... todo es homogéneo y uniforme.

Nada atenta más contra la individualidad y la especificidad de cada individuo, la diversidad plena, que una fábrica de pérdida de mismidad (La Escuela), homologación del deber ser y saber. Y el estudiante, un producto más, echado en suerte a un mercado de consumibles y descartables.

En esta estructura en este marco, la educación solo será inclusiva en un pretendido discurso y tendrá el impacto y la trascendencia de "una buena idea". Se transformará en el efímero acto de buena voluntad de un puñado de ortodoxos bien intencionados, que anhelan con miedo un paradigma para el cual no fueron educados. Y miran la inclusión como algo ajeno y lejano, tan distante como miran al otro diferente.

Autismo en México

Según el estudio de los Centros para el Control y Prevención de Enfermedades (CDC) realizado en Estados Unidos en el año 2008, confirmó que uno de cada 88 niños tiene algún trastorno general del desarrollo (TGD)[4], entre los

---

[4]La clasificación de TGD y autismo como está citada, responde a la antigua versión del DSM en su edición IV- TR 2002. Desde el año 2013 el DSM en su versión V describe los trastornos del Neurodesarrollo y Trastorno del Espectro Autista de manera separada. Actualmente se estima que los trastornos de TEA son 1 cada 60 niños nacidos vivos aproximadamente, creciendo esta estimación de modo exponencial a razón de 17% anual. (International Society for Autism Research, 2014, ATLANTA, USA).

*Según el DSM IV los TGD son los trastornos generalizados del desarrollo se caracterizan por una perturbación grave y generalizada de varias áreas del desarrollo: habilidades para la interacción social, habilidades para la comunicación o la presencia de

cuales se encuentra el Trastorno del Espectro Autista.[5]

En una nota emitida por la OMS (Organización Mundial de Salud) en abril del presente año, se declaró que uno de cada 160 niños tiene Trastorno del Espectro Autista (TEA), se aclaró que esta estimación representa la media, ya que la prevalencia varía entre los distintos estudios.[6] Actualmente las

---

comportamientos, intereses y actividades estereotipados. Las alteraciones cualitativas que definen estos trastornos son claramente impropias del nivel de desarrollo o edad mental del sujeto. Esta sección incluye el trastorno autista, el trastorno de Rett, el trastorno desintegrativo infantil, el trastorno de Asperger y el trastorno generalizado del desarrollo no especificado.

[5](30 de marzo 2012) La prevalencia de autismo, más alta que nunca. Recuperado de: http://www.bbc.com/mundo/noticias/2012/03/ autismo_prevalencia.

[6](Abril, 2017) Trastornos del Espectro Autista.

estadísticas acerca de autismo se manejan mediante "estudios epidemiológicos", puesto que en los últimos 50 años la presencia de autismo ha incrementado de manera significativa, y se estima que continúe en aumento.

Por primer vez en el año 2014 se realizó un estudio de prevalencia de autismo en México, los científicos fondeados por la organización Autism Speaks llevaron a cabo el proyecto específicamente en el estado de León Guanajuato, obteniendo como resultado que 1 de cada 115 niños nacidos vivos tiene TEA, las conclusiones del estudio publicadas en el Journal of Autism and Development Disorders

Recuperado
http://www.who.int/mediacentre/factsheets/autism-espectrum-disorders/es/

afirmaron que casi el 1% de todos los niños en México, alrededor de 400,000 tienen autismo. De estos cerca del 60% se encontró en escuelas regulares, mientras que el 42.5% había sido diagnosticado y ya se encontraba inscrito en algún programa de educación especial. Se detectó que la mayoría de los niños fueron diagnosticados a edad tardía trayendo como consecuencia la poca o nula posibilidad de intervenir tempranamente en atención al desarrollo de los mismos.

El presente

Vamos a dejar en descubierto que los estereotipos, roles y exigencias sociales definidas en nuestra sociedad nos llevan a actuar de forma excluyente hacia las personas que salen de los estándares idealizados, construidos e impuestos convencionalmente. Las homologaciones y homogenizaciones escolares en todas sus formas y presentaciones.

Los mecanismos de exclusión manifestados en el aula escolar no son una novedad, sobre todo en países Latinoamericanos, por ejemplo en México donde la Educación básica está contenida por un organismo que monopoliza en su totalidad a este sector; la Secretaría de Educación Pública (SEP), consolidada formalmente el 3 de octubre de 1921[7], fue creada en función a dinámicas sociales y necesidades históricas y económicas diferentes a las actuales, pese a que mantiene los

---

[7]SEP, (2015). Historia de la SEP, Recuperado de: https://www.gob.mx/sep/acciones-y-programas/historia-de-la-secretaria-de-educacion-publica-15650?state=published

mismos criterios de estructura corporativa y burocrática.

Hoy por hoy actuar sin cuestionar los contenidos, exámenes bimestrales, escala de calificaciones, material didáctico (libros de texto), dinámicas de clase, planes y programas, etc. emitidos por este organismo, puede ser un obstáculo para que las escuelas de intención incluyente logren su meta; "Igualdad de derechos y oportunidades para todos, a partir de una educación de calidad".
"No podemos concebir un educación igualitaria para personas desiguales" (Theo Peeters); lo que quiere bien decir en esta frase es que no podemos intentar un modelo igualitario por equitativo, en personas neurodiversas, con o sin, TEA.

La diada excluyente - excluido ha estado presente a lo largo de la historia del mundo occidental, los mecanismos bajo los cuales se presenta han cambiado en cuestiones de forma pero no fondo. En palabras de Michel Foucault (1961) "la exclusión es una forma distinta de comunión; su exclusión debe recluirle...".

Se exponen de modo más vívido estos modelos en el ámbito de la educación privada, "escuelas exclusivas", o "escuelas privadas de inclusión". Y se han naturalizado ciertos hechos como, que ser "exclusivo" implica que muchos otros queden fuera no perteneciendo a esta minoría, luego se utilizan eufemismos asociados a "calidad" (sin calidez), y surgen frases como "preparamos al sujeto exitoso del futuro", no enseñando como ser felices en el presente y que la clave del éxito no está en la exclusividad, sino en la in - clusividad, a menos que entendamos por hombre exitoso a aquel que en soledad pretende asumir en la adquisición de bienes la adquisición de afectos.

Los contextos escolares forman parte de la vida occidental moderna, en estos espacios a partir de la pedagogía escolar se asigna a cada individuo en un rango, es decir se le ubica en el lugar que ocupa dentro de una clasificación por jerarquía de saber y capacidad (Urraco Solanilla y Nogales Mermejo, 2013). Este sistema pretende la "homogeneidad" como ideal; todos deben aprender lo mismo, de la misma manera, bajo las mismas condiciones y a idénticos ritmos. La comparación es un juego que se presenta cada día en las instituciones escolares, para Bauman (2005) "son sistemas de mediciones relativas, de permanente comparación de los individuos entre sí y con respecto a un modelo ideal "(Ibidem).

Ser alumno en este contexto es bastante frustrante y poco atractivo, quizás esto explique en parte la deserción escolar que no siempre está ligada a la situación económica o empobrecimiento de una región, un alumno pobre aunque (...y quizás por esto mismo) se le dé la posibilidad de "continuar" en la escuela como quien permanece en un "templo" rezando para que la calamidad no le llegue, opta por abandonar, si la estigma por permanecer es que se trata de un sujeto pobre. En otro extremo de realidad imaginen la Escuela Exclusiva, no hay necesidades insatisfechas entre sus alumnos, pero se imponen a las ya clasificaciones y calificaciones de la escuela, las segregaciones sociales. Por ejemplo, desde el tamaño de la mochila y si es de moda, los tenis determinados, o el modelo de carro en el cual llega a la escuela, como las posibilidades sociales inmediatas fuera del ámbito escolar. Todo es absolutamente motivo de clasificación, discriminación y segregación.

Así el niño que quiere y no puede, o no puede y pretende querer; se angustia frustra y no se desarrolla. Deserta o es víctima de bullying, sobrevienen los "trastornos del desarrollo" y ya no son "clases de Trastornos", sino se convierten en "trastorno de Clases".

La diversidad con equidad no tiene lugar en nuestra sociedad, desde los intersticios, es sometida a agregados sociales, sobre significaciones, racismo, etnocentrismo, élites o categorías peyorativas; aun cuando "nada en el estado actual de la ciencia permite afirmar la superioridad o inferioridad intelectual de una raza con respecto a otra" (Levi Strauss, 1979).[8] Bajo este principio y retomando al mismo autor, la humanidad nunca ha tenido una sola cultura, esta "se caracteriza precisamente por crear diversas culturas...la humanidad no se desarrolla bajo el régimen de una monotonía uniforme, sino a través de modos diversificados de sociedad y civilizaciones" (Ibidem).

---

[8] Cláude Lévi- Stráuss. "Raza e historioa" en Antropología Estructural

Desde mi persona, prefiero y elijo significar a las personas con TEA como un "hecho y un derecho"[9] de la diversidad, no es raro el sentimiento de extrañeza, asombro e incluso repudio a formas de conducta y acciones que estén más alejadas a la escala de valores según la norma que vivimos, sin embargo hay que hacer consciente que "cada quien lee al otro en función de sus propios códigos" y jerarquía de valores.

El presente trabajo hace énfasis a las opiniones, actitudes y acciones de los 3 actores implicados de manera directa en el fenómeno social de "la pretendida educación incluyente". En este caso docentes, alumnos con TEA y

---

[9] Conceptos tomados del mismo autos (Ibidem)

padres de familia, constituyen tres roles sociales, tres expectativas, tres situaciones que convergen en un mismo espacio y a las que se pretende dar voz para reflexionar sobre nuestras acciones, expectativas y exigencias personales, sociales y culturales.

Etiquetas y etiquetados por la Escuela

El propósito por mantener un orden que permita desarrollar una actividad áulica de aprendizaje significativo en las denominadas aulas incluyentes, parece un reto inalcanzable. Los docentes, psicólogos educativos, pedagogos, psiquiatras, neurólogos, etc. en respuesta a dichas problemáticas emanadas del aula dan respuesta desnaturalizando las conductas de los infantes, ofreciendo a la sociedad un abanico extenso de numerosas "etiquetas diagnósticas" llamadas así a pseudo condiciones que tratan de interpretar la conducta "inadecuada" de los niños, clasificándolas dentro de un sin número de trastornos, que se han ido incrementando con el paso del tiempo, como una suerte de epidemia.

Etiquetas como: TDAH, Trastorno negativista oposicionista, hiperactividad, disonancia cognoscitiva, trastorno pragmático del lenguaje, trastorno de la comprensión, dislalia, discalculia, autismo, asperger, trastorno desintegrativo del desarrollo, etc., con sus respectivos anglosajonismos y abreviaturas o siglas, han inundado el léxico médico y académico; sin que se sepa en realidad que refieren tales "etiquetas diagnósticas", así se van escondiendo detrás de éstas a los individuos. Se "patologiza" con cientificismo una condición, en un intento por legitimar el fracaso del sistema educativo, por cierto con demasiada rapidez. No obstante las escuelas se convierten en principales responsables porque demandan estas etiquetas diagnósticas y las incorporan al legajo de los alumnos en un intento por justificar la imposibilidad pedagógica y se van reemplazando las clases de apoyo o las adecuaciones intra escolares por las terapias médicas y psicológicas o farmacológicas.

Mientras tanto el sujeto etiquetado ya no es más tratado como la persona que es, se le nombra por los rasgos cualitativos de la etiqueta, hiperactivo, disléxico, autista, discapacitado...

Como si con esa taxonomía fuera posible conocerles realmente, viven y crecen señalados, discriminados, determinados y limitados por los moldes y patrones asignados por la sociedad y demandados por la escuela.

Prácticas inclusivas en el actual modelo educativo

Actualmente el sistema educativo mexicano pretende adherir sus prácticas a un modelo inclusivo. Anteriormente la Educación "especial" funcionaba en los Centros de Atención Múltiple (CAM), esta era la única alternativa para la escolarización de alumnos en condición de discapacidad o trastornos graves del desarrollo. Esta idea nace de la

Organización de las Naciones Unidas para la Educación, la Ciencia y la Cultura (UNESCO) que en el año 1990 en la Declaración Mundial de Educación para todos, reconoció la necesidad de suprimir la disparidad educativa particularmente en grupos vulnerables a la discriminación y exclusión. Entre estos grupos se encuentra la población con discapacidad.

Hoy la "escuela regular pretende atender las necesidades de la población educativa en general, plantea que el niño con dificultades especiales, pueda aprender en compañía de otros sujetos del contexto regular, socializando los saberes de manera integradora"[10] Bajo este

---

[10]Murguía Torres y Soria Hdz. Educación e integración educativa en México. Recuperado

41

principio me surgieron algunas preguntas:

¿El sistema de educación básica en México puede atender y entender esta realidad en niños diagnosticados con TEA?,

¿La condición del niño con TEA es proclive a "aprender en compañía de otros sujetos del contexto regular, socializando los saberes de manera integradora"?

¿Los docentes enfrentan dicha realidad con el mínimo de bases teórico-prácticas que van muy por fuera de los planes y programas establecidos?

¿Cuál es la situación de los padres de familia que pretenden igualdad de derechos y oportunidades para sus hijos?

Si bien me resigno a no poder más que ofrecer un borroso boceto de esta realidad, me daré por satisfecho al poder expresar lo que he experimentado como terapeuta y docente.

La inclusión que fracasa

¿Por qué inclusión educativa en TEA es tan difícil de implementar y frecuentemente fracasa?

Cuatro ejes fundamentales de análisis

1) Desconocimiento acabado del modo de pensamiento del niño con TEA

2) Desconocimiento institucional de las adecuaciones a las características y necesidades propias de la condición del autismo.

3) La falta de correcta formación académica de los docentes en general

4) La incapacidad para escuchar al sujeto.

Desconocimiento acabado del modo de pensamiento del niño con TEA

El niño de condición TEA no necesariamente conlleva una discapacidad intelectual implícita, y si así lo fuera, los esfuerzos por enseñar deberían tender más a tratar de comprender como es que ese niño en particular se apropia del conocimiento y cuáles son sus modos más apropiados para comunicar sus deseos.

A menudo la tendencia de modificar los currículos o hacer adecuaciones consta de "simplificar" el contenido, quitar información, o cambiar los modos de enunciados, empobreciendo el conocimiento. En palabras de una docente "...le quitamos contenido, para que le entre algo en la cabeza...", otra modalidad consta de infantilizar los enunciados a modo de cuento, casi representaciones titiritezcas o ventriloquias payasas, como si se tratase de una escenificación para niños de dos años.

En la creencia de que si el discurso es para un niño más pequeño el intelecto que suponemos "hipo-desarrollado" puede comprender el nuevo discurso "adaptado" o "adecuado".

Pues no se trata de un modo diferente de acercarse al mismo conocimiento, el desafío es acercar el mismo conocimiento de manera diferente a la manera de este sujeto en particular, no ya del docente. Lo que sirve en términos pedagógicos para un niño a menudo no sirve para otro de condición tea.

"Hacer implícito, lo explícito..." dice Theo Peeters, los modos de pensamiento del niño con TEA son concretos y nunca debemos dar por supuesto nada, hay que explicitar ,desglosar, fraccionar y esquematizar cada tarea, cada acción que damos por implícita en cualquier otro niño. Un niño sin TEA, se dirige al pupitre se sienta y sin más busca los lápices y libretas que va a utilizar, estas acciones vienen de acciones implícitas en la estructura mental de cualquier sujeto. (Déficit de funciones ejecutivas, formuladas por Pennington y Ozonoff, 1.996; Russell, 1.997, y otros). Las actividades para un niño con TEA deben explicitarse, secuenciar y en ocasiones recurrir a reforzador visuales de las tareas que de manera secuencial debe realizar.

Desconocimiento institucional de las adecuaciones a las características y necesidades propias de la condición del autismo

El modo Institucional "La Escuela", ¿representa en si el lugar idóneo para que se desarrolle un niño de condición TEA, es el implícito modelo social que supone una escuela, adecuado para el niño con trastorno del autismo?

Los padres suponen a menudo (y un gran número de maestros y pedagogos) que a falta de una habilidad, la ausencia de los factores que estimulen este déficit no colaboran en la sustitución o desarrollo de la habilidad perdida.

"Función de sustitución o compensación: ... buscar la actividad sustitutiva basada en el ejercicio de actitudes particulares u órganos relativamente menos afectados, que pudieran influir sobre el desarrollo de capacidades mentales o físicas más "perturbadas"..." (Tomado de las bases de pedagogía especializada que sugiriera para Grupos Integrados, la DGEE (Dirección General de Educación Especial de México)[11]

Si el niño ve poco hay que iluminar el salón, un salón con poca luz no estimula el desarrollo de esa habilidad deficitaria, se piensa del mismo modo en relación al TEA si el niño no se relaciona o se relaciona poco y es callado, será bueno que

---

[11] Citado de Ojeda, G 1985, La Tecnología Educativa, Pág. 64-65 [11]

esté entre muchos niños para que se estimule ese déficit, (socialice).

Nada más lejos que la obtención de un buen resultado si sometemos al niño TEA a un espacio socialmente activo, cuando su "momento" de adquisición del modo social como posibilidad no está explícitamente incorporado a su persona como aprendizaje.

El modo social se aprende de manera gradual e implícita en niños sin TEA (con o sin discapacidad) pero de manera explícita en niños con TEA; siendo esta imposibilidad de "entender" el modo social, una característica propia de la condición.

¿Si tuviera un niño que no supiera nadar lo empujaría dentro de una alberca, para que aprendiese?, Ya que esta implica el lugar idóneo; como es de idónea la escuela para aprender.

En el mismo orden la institución escuela implica, un determinado tipo de vestimenta o uniforme, un determinado lugar de aprendizaje y mobiliarios, un determinado esquema de horarios y estímulos consensuados, como las campanas o timbres, determinados momentos arbitrariamente significados de contenidos, que rara vez son presentados explícitamente a un niño con TEA.

La falta de correcta formación académica de los docentes en general

El docente debe ser un científico no solo un pedagogo, y debe ser formado en tal sentido. Quedó obsoleto el modelo docente como aquel "sabelotodo" de inmaculada presencia y autoridad;

aunque muchos persistan en que son la "autoridad" y los que saben y que el alumno es el que debe aprender.

Sorpresa, los alumnos son los que "saben" o mejor el saber está en todos lados y los docentes deben ser administradores de ese conocimiento.

El conocimiento al alcance de cualquier sujeto, representa un fantasma para el maestro que siente se desempodera, pero no se detiene a pensar que lo necesario para guiar no radica en saber todo, sino en saber conducir a un niño, con propio conocimiento e intereses (muy diferentes a los del propio maestro a veces muy restringidos) con su ritmo y su modo particular (neurodiverso) de comprensión y apropiación de ese conocimiento universal.

La formación del docente, debería ser formar un científico, una persona de conocimientos transversales y vastos, que pueda relacionar todo con todo, que tenga el vacío y la duda sobre cualquier certeza, de ese modo no podría evaluar sin antes evaluarse.

"El profesorado no puede estudiar exclusivamente una formación inicial y ya está. El profesorado es la pieza fundamental y debe seguir formándose. Además, no se puede tener un profesorado que genere competitividad en las aulas, sino que anime a la cooperación y solidaridad. Y sobre todo que respete la diversidad como elemento de valor y no que discrimine a unos niños y niñas como que son incapaces de aprender. Eso no es ser un buen profesor. Los profesores tienen que saber que la diversidad mejora los procesos de enseñanza y aprendizaje, y que lo que le hace mejor profesor o profesora es precisamente gestionar esa diversidad humana." Dr. Miguel López Melero[12], desarrolla un modelo de Escuela Inclusiva llamada "Proyecto Roma", Málaga España.

Un niño nunca se equivoca por completo, (aunque exista en los programas un determinismo a evaluar las respuestas como correctas e incorrectas ni siquiera aplica este determinismo en las matemáticas) se aproxima a una verdad (o algo parecido a ello) desde su posibilidad con más o menos grado de certeza,

---

[12] Entrevista por Patricia Pineda, Crónica Universitaria Diario Sur al Dr. Miguel López Melero; el 20 de Marzo del 2018.- http://www.diariosur.es/cronica-universitaria/profesores-deben-saber-20180320000742-ntvo.html

curiosamente los niños se acercan al conocimiento de manera intuitiva y a menudo con más verdad implícita de la que podemos suponer. Los niños tienen un pensamiento científico por naturaleza, que en un proceso de escolarización nos encargamos sistemáticamente de destruir.

Un muchacho de 13 años con TEA, "diagnosticado" con supuesta discalculia severa, editaba videos y cuando le pregunté, ¿cómo hacía para en un minuto colocar determinados cortes de una película?, resultó que manejaba el sistema sexagesimal (horas minutos y segundos) a la perfección, realizaba todo tipo de operaciones matemáticas en este sistema y debo confesar que bastante complejas, sustracción, adición, multiplicación, reducciones, quebrados y álgebra, pero ningún docente nunca se interesó por este detalle. Otro joven también diagnosticado con TEA, e idénticos problemas de discalculia, me mostró un dibujo de su "restringida área de interés", un pulpo, dibujado a partir de poliedros y figuras geométricas, había descompuesto los segmentos anatómicos del cefalópodo según un conjunto de figuras poliédricas que en su conjunto configuraban la imagen del pulpo, como si hubiera realizado a mano un diseño 3D de los que vemos habitualmente en los programas de ordenadores. Ningún maestro reparó en esta particular habilidad, y no podría describir la cantidad de conocimiento transversal y científico que tendría a disposición.

Pero para ver estas cosas antes tienen que estar en el pensamiento del maestro y en su propia estructura de aprendizaje, una premisa que escuché en la universidad, para cualquier investigador es: que si no se sabe lo que se busca, no se entiende lo que se encuentra.

El maestro por lo regular esta pobremente formado, apenas para que replique o siga las mismas guías estandarizadas de estudio y programas que aplicará a una población "homogenizada" de niños que deberán responder a esa misma estructura, y por supuesto del modo esperado.

La Incapacidad para escuchar al sujeto

Con este modelo propuesto y de esta manera, con un libreto de contenidos y con las supuestas respuestas que se deben obtener, espacio para escuchar el modo particular del niño es una cuestión inviable.

Como inviable es la posibilidad que se reduzca la matrícula por salón, y menos pensar que el abordaje ideal de un niño con TEA requiere una relación uno a uno, por lo menos en un comienzo, en tanto el niño aprende explícitamente los modos sociales, y pueda sostener el ambiente en una relación uno siete.

No es posible, es lo que lo que usted lector está suponiendo, quizás con acierto (es posible en las escuelas para niños TEA concebidas a partir de este criterio, claro no representan un buen negocio), pero parto de un ideal institucional.

Para escuchar hay que obligarse a no decir... el maestro debe silenciarse, debe generar el espacio para que la palabra del otro pueda "ser ".

Cuando digo palabra, no solo refiero a la palabra dicha sino a la no dicha, todo lo que el sujeto expresa con intención comunicativa, solo quien haya podido realizar este ejercicio entenderá lo que estoy tratando de describir, no me refiero a un método científico e intencionado sino a una actitud del corazón y del pensamiento del maestro.

Una vez que se escucha, hacer oídos sordos, se transforma en un problema ético para quien escucha. Si un niño "manifiesta" que el ruido de la campana o timbre le molesta, persistir en la utilización de estos elementos, no solo es cruel sino perverso y alegar ignorancia en este y cualquier otro ámbito de adecuaciones es mantener perversamente un discurso "de normas", empoderando las formas sobre las cuestiones de fondo, escondemos la ética detrás de las instituciones o de las personas institucionalizadas, en la pretendida autoridad que representa el director o el docente.

Imponer un saber y aun sujeto que sabe, son resabios de un paradigma educativo que no se puede sostener, y que irremediablemente está destinado al fracaso y la extinción, como cualquier órgano vivo que no logra adaptarse al medio.

Los números de la educación en México

Es oportuno tratar este hecho social que está provocando, por fortuna, movimiento filosóficos, humanistas e intelectuales que conllevan a la reflexión, crítica y replanteamiento de los tópicos que sostienen el paradigma de nuestra sociedad tales como: el desarrollo y crecimiento humano, parámetros de capacidad intelectual y de normalidad y anormalidad, sistema educativo escolarizado, formación, actualización y profesionalización docente, etc. Según la Encuesta Intercensal del INEGI (Instituto Nacional de Estadística y Geografía) del año 2015, se registró que en México el 96% de las niñas y niños de 6 a 14 años asisten a la escuela en su modalidad escolarizada.[13] La

---

[13]INEGI. Sistema Nacional de Información. (2015)

Dirección General de Planeación, Programación y Estadística Educativa durante el ciclo escolar 2015-2016 registró un total de 25,897,636 alumnos inscritos en Instituciones que ofrecen Educación Básica en el país. Al sector público asiste un total de 23,334,603 niños, mientras que en el sector privado asisten 2,563,033 [14]. La proporción según la razón ofrecida por el proyecto llevado a cabo por la organización Autism Speaks (2014) 1 de cada 115 y la

Estadística Educativa. Recuperado de: http://cuentame.inegi.org.mx/poblacion/asistencia.aspx?tema=P

[14]Secretaria de Planeación, Evaluación y Coordinación. Dirección General de Planeación, Programación y Estadística Educativa. Ciclo escolar 2015-2016. Recuperado en: http://www.snie.sep.gob.mx/descargas/estadistica_e_indicadores/estadistica_e_indicadores_educativos_33Nacional.pdf

propuesta de Educación e integración educativa en México correspondería a casi 225,196.83 alumnos con TEA inscritos en alguna Institución de educación básica pública o privada.

Si bien actualmente en México las personas con TEA constituyen una "minoría", como se dijo al principio se estima que su prevalencia siga en aumento. Ante esta realidad ¿por qué no trabajar desde ahora por brindar espacios pensados en lo diverso? Pero ¿Dónde está la inclusión?, me parece que en primer lugar en nosotros como sociedad. Al cúmulo de teorías y supuestos que tratan de explicar y entender esta condición, se han aunado los voluminosos escritos de vivencias de padres de niños con TEA, así como experiencias personales de personas autistas que manifiestan la lucha constante con el sistema y medio social pensado y diseñado para personas neurotípicas. Recordemos la novela de José Saramago "Ensayo sobre la ceguera" donde usa esta condición como metáfora para hacernos ver que absolutamente todo está pensado para una condición en específico, obligando a los "otros" a adaptarse al modelo impuesto.

Es de considerar reeducarnos como sociedad teniendo como punto de partida la diversidad, reflexionar si los conceptos capacidad/ discapacidad, normal/ anormal, funcional/disfuncional, etc. no son más que condiciones producidas como resultado inevitable de un sistema excluyente hecho para las características físicas y cognitivas propias de la mayoría.

He escuchado de manera constante entre los docentes y maestros de escuela la siguiente frase "cada vez es más difícil trabajar con estos niños", la sensación es que la cantidad de niños con algún tipo de dificultad aumenta año tras año en la matrícula estudiantil.

¿Se trata solo de una sensación?

Como se mencionó antes, el único estudio que existe en México, impulsado por Autism Speaks (2016) estima que 1 de cada 115 niños tiene autismo, es decir, casi 1% de la población infantil, sin embargo, la incidencia en la vida adulta, así como el conocimiento de su situación en la adolescencia se desconoce.[15]Y es necesario

---

15 Consejo Nacional para el Desarrollo e inclusión de las personas con discapacidad (CONADIS),

aclarar que esta condición TEA (Trastorno del Espectro del Autismo) representa solo uno de los trastornos del neurodesarrollo, por nombrar algún otro tenemos el TDAH (trastorno por déficit de atención e hiperactividad) 3-7 %, TEL (trastorno específico del lenguaje) 8- 10%, TDI (trastorno desarrollo intelectual), TA (trastorno del aprendizaje) 8,9%, TM (trastornos motores) 10%. [16]En

---

2017, recuperado de: https://www.gob.mx/conadis/articulos/dia-mundial-de-concienciacion-sobre-el-autismo?idiom=es

16   Clasificación tomada del DSM 5 (2013) y datos estadísticos aportados por. Galán López y otros (2017) "Abordaje del nerodesarrollo integral en los trastornos". Recuperado de: http://www.medigraphic.com/pdfs/juarez/ju-2017/ju171e.pdf.

*Según el estudio de los Centros para el Control y Prevención de Enfermedades (CDC)

realizado en Estados Unidos en el año 2008, confirmó que uno de cada 88 niños tiene algún trastorno general del desarrollo (TGD). La clasificación de TGD , responde a la antigua versión del DSM en su edición IV- TR 2002. Desde el año 2013 el DSM en su versión 5 describe los trastornos del Neurodesarrollo y Trastorno del Espectro Autista de manera separada. Actualmente se estima que los trastornos de TEA representan1 cada 60 niños nacidos vivos aproximadamente, creciendo esta estimación de modo exponencial a razón de 17% anual. (International Society for Autism Research, 2014, ATLANTA, USA).

*Según el DSM IV los TGD son los trastornos generalizados del desarrollo se caracterizan por una perturbación grave y generalizada de varias áreas del desarrollo: habilidades para la interacción social, habilidades para la comunicación o la presencia de comportamientos, intereses y actividades estereotipados. Las alteraciones cualitativas que definen estos trastornos son claramente impropias del nivel de desarrollo o edad mental del sujeto. Esta sección incluye el trastorno autista, el trastorno de Rett, el trastorno desintegrativo infantil, el trastorno de Asperger y el trastorno generalizado del desarrollo no "sensación" bien fundamentada que tiene el docente frente al alumnado: "solo puedo trabajar con la mitad del salón". Hora se presentaron los resultados del primer Programa de Desarrollo Infantil realizado por el Hospital Infantil de México "Federico Gómez", el cual fue aplicado a 700 mil niños entre 19 y 60 meses de edad arrojando indicadores que afirman que entre el 3 y el 5% de los niños en México padece problemas en su desarrollo temprano.

La exclusión.
Antecedentes históricos.

---

especificado.

Como dato histórico se identifica a lo largo de la Edad Media como práctica social la exclusión de los leprosos "que implicaba, en principio, una partición rigurosa, una puesta a distancia, una regla de no contacto entre un individuo (o grupo de individuos) y otro" (Michel Foucault, 1975); con la expulsión de estos individuos, el fin de las cruzadas y la ruptura de lazos entre Europa y Oriente la lepra desaparece en general a finales del siglo XVII; lo que no desaparece y se perpetuará hasta nuestros días es el sentido de exclusión que tomará una nueva forma durante el Renacimiento. Durante esta época aparece en escena la figura del loco; la universalidad de la locura representa desde entonces la animalidad que escapa de la domesticación de los valores y símbolos humanos (M. Foucault, 1961). Ubicada en el plano moral de la sociedad, la locura es todo lo que el hombre ha podido inventar con respecto a las irregularidades de su propia conducta (M. Foucault 1975), en la jerarquía de los vicios, se le distingue y reconoce: Filautía (amor propio), Colacia (adulación), Letea (olvido), Misoponía (pereza), Hedoné (voluptuosidad), Anoia (aturdimiento), Trifé (molice), la buena comida y el sueño profundo. (Ibidem).

Durante el renacimiento se hacen presente las representaciones de la exclusión mediante: la expulsión, segregación, uso de las naves de los locos, las obras de Bosco, la descalificación política y jurídica de los expulsados, ceremonias fúnebres, etc. todas conformaban un abanico de prácticas de rechazo, marginación, exilio, negación, desconocimiento; todo lo que conforma la exclusión misma. La revolución científica que siguió a la Edad Media fija los tópicos del humanismo, y bajo el principio de Protágoras "el hombre es la medida de todas las cosas" desde entonces.

No es difícil entrever que validar este principio implica inevitablemente la relatividad de estas "verdades"; las diferentes interpretaciones, el sentido que se atribuya, la epistemología desde la que se aborde, desde la visión ética y estética de cada cultura y sociedad, etc. da por resultado tantas medidas como hombres en el mundo.

Otro modelo aplicado en Occidente fue el de la "inclusión"[17] del apestado, lo cual implicaba cuestiones de vida y muerte para la sociedad en general, así se constituyeron técnicas de control mediante el uso de la vigilancia e inspección en barrios, distritos y ciudades. El enfermo era peligroso, se fijaban los límites que le debían contener, es decir, su inclusión. Aquí no hay puesta a distancia, la observación cercana y constante tiene como objeto definir si el individuo está dentro de los parámetros a la norma de salud establecida. "La peste atraviesa la ley, como lo hace con los cuerpos" (Ibidem).

---

[17] Inclusión, ¿por qué se utilizó este término?, por la simple razón que no es muy feliz su significado como pretendemos utilizar de modo "novedoso" y moderno, viene del latín "includere", en claustro, enclaustrado.

Así cada sociedad fue consolidando las técnicas por una parte, para contener ese saber encerrado e inaccesible que representa la locura y por otro a la sociedad asechada por la peste mediante el uso del poder jerárquico militarizado. El primero es exclusión la cual se caracteriza por la connotación negativa mediante reacciones de rechazo, exclusión, expulsión, reprensión, marginación, prohibición; el segundo tiene una connotación inclusiva positiva, a partir de la observación, el saber, la construcción, en definitiva un poder positivista.

Ambas funcionaron y se instituyeron como técnicas de poder que se pueden establecer en cualquier institución sobre todo la institución escolar (incluyendo la familia) que funcionan como aparatos y conllevan a la norma establecida. Desde entonces y hasta nuestros días la exclusión es una determinación social desfavorable para una persona o un grupo de personas que no gozan de oportunidades de desarrollo sea por condiciones impuestas por un sistema determinado o por mecanismos directos de discriminación, invisibilización, falta de tolerancia, solidaridad, etc.

Exclusión en la actualidad

Los TEA, representan el modo más sutil de exclusión, invisible a los ojos, carente de estigmas físicos que denuncien la "discapacidad", el sujeto TEA como el "loco", es señalado por su conducta.

Conducta no aceptable o incómoda, inadecuada o impropia, inoportuna y no deseada, innumerables modos de cualificar una conducta que no está dentro de los cánones que arbitrariamente definimos como normalidad o en la norma. Hacer sentir al otro excluido a partir de su conducta, es el acto más cobarde y reprochable que podemos tener como conducta social de relación; siempre la conducta fuera de la norma se denuncia a sí misma, se expone y queda sujeta inexorablemente a la mirada y juicio del entorno.

Para José Félix Tezanos (2001) los prejuicios y la discriminación sólo producen exclusión social en la medida que provoca incapacidad para lograr unos ingresos y un nivel de vida aceptable, generando una carencia de opciones y alternativas. La exclusión es por tanto el resultado de un cúmulo de circunstancias y situaciones que impide a las personas desarrollarse plenamente, en oposición a la integración social, la exclusión[18]marrgina, no da acceso a espacios de desarrollo que garanticen una subsistencia autónoma de un contexto cultural y social determinado.

La exclusión tiene diferentes implicaciones que pueden ser de tipo económico, social, político y cultural[19], está directamente

_____

[18]Para Castells (2001) la exclusión social es el "Proceso por el cual a ciertos individuos y grupos se les impide sistemáticamente el acceso a posiciones que les permitirán una subsistencia autónoma dentro de los niveles a sociales determinados por las instituciones y valores en un contexto dado"

[19]Exclusión social es entendida en oposición al concepto integración social

relacionada con aspectos vinculados con la ciudadanía social[20] la cual contiene y asegura estados de bienestar[21]. "Sus causas y manifestaciones se expresan como un fenómeno poliédrico, formado por la interrelación de un cúmulo de circunstancias desfavorables, a menudo fuertemente interrelacionadas" (Plan Nacional para la inclusión social. 2001, Anexo I: Diagnóstico de situación)[22].

---

[20]Para Marshall la ciudadanía social es aquel status que se concede a los miembros de pleno derecho de una comunidad.

[21]Derechos y libertades básicas de las personas que tiene que ver con su bienestar (trabajo, salud, educación, formación, vivienda, calidad de vida...) Este concepto es tomado del trabajo de Magdalena Jiménez Ramírez Aproximación, teórica de la exclusión social: Complejidad e imprecisión del término, consecuencias para el ámbito educativo. 2008, Universidad de Granada

[22]Magdalena Jiménez Ramírez, Aproximación

El gran círculo se ha cerrado, normalidad y anormalidad se afirman y niegan una a la otra, dibujaron y delimitaron las características que circunscriben lo que sale de la norma, de la normalidad; hoy en día esas formas se incrementaron de manera exponencial en múltiples figuras que refieren a patologías: Trastorno por déficit de atención e hiperactividad, trastornos específicos del lenguaje, trastorno desafiante oposicionista, trastorno obsesivo compulsivo, trastornos desintegrativos, deficiencia intelectual, trastorno del espectro autista, etc.

---

teórica de la exclusión social: Complejidad e imprecisión del término, consecuencias para el ámbito educativo. 2008, Universidad de Granada, Recuperado de :
http://www.scielo.cl/pdf/estped/v34n1/art10.pdf

Contexto general Escuela y TEA

"Creo que no nos quedamos ciegos, creo que estamos ciegos, ciegos que ven, ciegos que viendo no ven..."
(José Saramago, 1995)

Desde la edad Clásica el surgimiento de técnicas científicas e industriales han sido mediadas por aparatos administrativos dirigidos desde la política; Desde entonces el gobierno[23]de los niños se da mediante procesos generales de normalización social institucionalizada y materializada por las escuelas normales. La normalización de la infancia bajo el precepto de "la norma, no se

---

[23]Entendido desde la perspectiva que especifica M. Foucault en "los anormales" (p. 55)

define en absoluto como una ley natural, sino bajo los principios de calificación y corrección, la cual está ligada a la técnica positiva de intervención y transformación[24] (M. Foucault).

Acceso masivo a la educación, búsqueda de uniformidad de saberes, comportamientos y actitudes, disciplina como algo natural y necesario, castigo a modo de corregir y encausar conductas; actividades y acciones como inspección, regularidad, exactitud, puntualidad minuciosidad en el calificado, uso de libros de texto, recortar, pegar, sumar, cantar, jugar, etc. son sólo algunas de las características que ha tenido el sistema de educación básica en México a lo largo de su historia. Basta con recordar nuestra

---

[24]Ibidem. (p58)

niñez (aunque soy extranjero los criterios de la educación "normal" han sido sistemáticamente los mismos para Latino América desde las latitudes más Australes del continente hasta los límites mismos del Rio Bravo) para identificar y asociar dichas actividades en la configuración de esta etapa de nuestro desarrollo.

Intuyo que la importancia y empoderamiento de estas instituciones surge a partir de la institucionalización de la escritura como paso que civilizó al hombre. Y como dice el Dr. Ernesto Reaño[25]

---

[25] Ernesto Reaño: Becado por el Concejo Nacional de Ciencia y Tecnología (Concytec- Perú) y el Gobierno Francés para realizar estudios de maestría y doctorado en Francia. Actualmente ejerce la práctica privada en personas con Autismo de Alto Funcionamiento, Síndrome de Asperger y Trastorno Pragmático del Lenguaje desde el 2006. En el 2008 funda EITA (Equipo de Investigación y Tratamiento en Asperger y Autismo).

la popularización o estandarización del modelo "escribal", que tiende según su mirada a desaparecer, dando lugar a la "electronalidad", un modo que parece ser mucho más amigable para las personas TEA. Quizás inducida toda la sociedad por las personas de condición autista o como prefieren denominarse "neurodiversos".

A partir de las aspiraciones y deseos que están en el imaginario colectivo de las sociedades occidentales, sigue la "escuela" como institución, teniendo un papel estelar en la vida cotidiana presente.

La SEP define a la educación básica como:

Proceso sistemático de la educación que comprende la

instrucción preescolar, en la cual se imparten algunos conocimientos y se estimula la formación de hábitos; la instrucción primaria, en la cual se inician el conocimiento científico y las disciplinas sociales, y, por último, la instrucción secundaria, en la que se amplían y reafirman los conocimientos científicos por medio de la observación, la investigación y la práctica.

Hoy sabemos que este modelo se formaliza durante el siglo XVIII; el espacio es ahora visto como ejercicio de poder. Desde entonces el saber es institucionalizado, lo que importa no es ya el conocimiento, sino, el grado académico con el que cuenta cada persona. La Educación en función a la producción y maximización de la misma, busca conformar personas competitivas, la sociedad industrializada distribuye a las grandes masas según individualidades diferenciales; de esta manera se dibujan las cualidades de "las competencias" que hoy utiliza como eje el modelo educativo usado en nuestro país.

Se utilizan modelos de gestión educativa como el Modelo Bolonia (implica un concepto de educación globalizada y de estructura anglosajona) y administrativos como el Rockefeller; convierten al establecimiento educativo en una empresa, cuyo producto es el contenido académico, el alumno se convierte en cliente y la medición de calidad estriba en la satisfacción del cliente. Es decir el objeto de la escuela ya no es el alumno sino el cliente y el objetivo ya no es enseñar sino medir la satisfacción.

Chomsky denuncia: "¿la educación como inversión o como vocación?".

Realidad Pequeña Investigación I

El sustento y el motivador de este libro nace en la interpretación de la realidad, trabajo de campo que estuvo a cargo de mi compañera de vida y colaboradora de este proyecto, María Isabel Reyes Romero[26], con un carácter mucho más disciplinado que el mío apelando a una constancia metódica y a diferentes tecnologías como redes sociales. Sondeó diferentes escenarios y actores involucrados siendo este el resultado.

Se aplicaron un total de dos encuestas: una dirigida a docentes

---

[26] Licenciada en Ciencias de la Educación por la Universidad Autónoma del Estado de Hidalgo, en lka actualidad Investigadora en la Escuela Nacional de Antropología e Historia de México, para el posgrado de Antropología Física.

de niños diagnosticados con TEA y otra a los padres de familia, de niños con los mismos trastornos, que buscaron en las instituciones educativas regulares (públicas o privadas) un espacio de desarrollo escolar para sus hijos. De igual manera, se realizó observación participante en una escuela primaria pública de enfoque "inclusivo" que admite a niños diagnosticados con autismo.

De las encuestas

Las encuestas fueron realizadas a través de grupos de Facebook en 4 rubros:

- Grupos de asociaciones de Autismo,
- Grupos de padres de niños diagnosticados con TEA,
- Grupos de escuelas incluyentes

- Grupos de docentes de escuelas regulares.

En total se lograron aplicar 18 encuestas a docentes y 27 a padres de familia de niños con TEA, que asisten a escuelas regulares.

De la observación participante en el salón

La observación fue realizada en un total de 4 sesiones durante el mes de septiembre y octubre del año 2017. En los cuatro grupos donde hay alumnos diagnosticados con TEA, cada grupo fue observado durante un lapso de 40 minutos cada uno y durante la hora de receso que va de las16:30 a las 17:00 hrs.

Análisis de datos

La información recabada de cada población: docentes, padres de familia y niños con TEA contiene una tabla con las características generales que les identifican. De igual manera se presentarán algunos gráficos que representan la información cualitativa de la investigación, así como fragmentos expresados por los participantes que representan la información cualitativa que le da sentido a la anterior.

Para que la comprensión de la información sea accesible se presentará de la siguiente manera:

1.-Análisis e interpretación de las encuestas aplicadas a docentes: En este apartado se consideran acciones encaminadas a su praxis como docentes de escuelas regulares, que "integran" a niños de condición autista.

2.-Análisis e interpretación de las encuestas aplicadas a padres de niños diagnosticados con TEA: En este apartado se analizan las ventajas y desventajas identificadas de Modelos educativos diseñados y pensados para personas con TEA y de los modelos regulares.

3.-Descripción etnográfica[27] realizada en una escuela pública de enfoque inclusivo en la CDMX.

Docentes

---

[27] El modelo etnográfico resulta de entender y describir a un grupo según la visión ética y estética del entorno al cual pertenece. De tal modo no solo tiene en cuenta modelos conductuales o psicológicos, sino el sujeto en relación a otros y en relación al ambiente que comparte.

Se realizó un total de 18 entrevistas a docentes que han dado clase a niños con TEA, de los cuales, al rededor del 55 % (más de la mitad de la población total) tienen una formación académica que se divide de la siguiente manera: cerca del 33% cuenta con una formación en Educación especial, mientras que el 22% restante en Ciencias de la Psicología (Psicología clínica y psicología educativa). El resto cuenta con estudios académicos relacionados a la comunicación y a la educación básica como: Ciencias de la comunicación, Ciencias de la educación, Licenciatura en educación primaria y Licenciatura en educación preescolar. Del total de docentes encuestados sólo 2 cuentan con estudios de posgrado entre los que se encuentran:

Maestría en Educación especial y psicología educativa.

Número	Edad	Sexo	Formación académica	Nivel educativo donde ha dado clases a niños diagnosticados con TEA	Número de niños con TEA por salón
1	46	F	Edu. especial	Secundaria	2
2	53	F	Educadora	Preescolar	2
3	39	M	Edu. especial	Primaria	1
4	39	F	Edu. especial	Primaria	2
5	30	F	Psicólogo	Primaria	1
6	33	M	Edu. especial	CAM	1
7	24	F	Psicóloga	Primaria	1
8	42	F	Edu. Primaria	Primaria	10
9	32	F	Psicóloga	Todos los niveles hasta bachillerato	1
10	29	F	Edu. especial	CAM	2
11	49	F	Lic. en Edu.	Primaria	3
12	43	F	Comunicación	Preescolar	2
13	22	F	Edu. especial	Primaria	1
14	43	F	Psic. Edu.	Primaria	1
15		M	Edu. Primaria	Preescolar	1
16	44	F	Ciencias de la Edu.	Primaria	4
17	43	F	Comunicación	Secundaria	2
18	45	M	Kinesiologo	Primaria	1

El 77.8 % de los docentes son de sexo femenino (F) y el 22.2% masculino (M), con un rango de edad que va de los 22 años a los 53. La mayoría polariza entre los 39 y 43 años.

Cerca del 56% de los docentes ha dado clase a niños con TEA en Primarias regulares públicas y privadas, mientras que el resto en preescolar, secundaria, bachillerato y CAM.

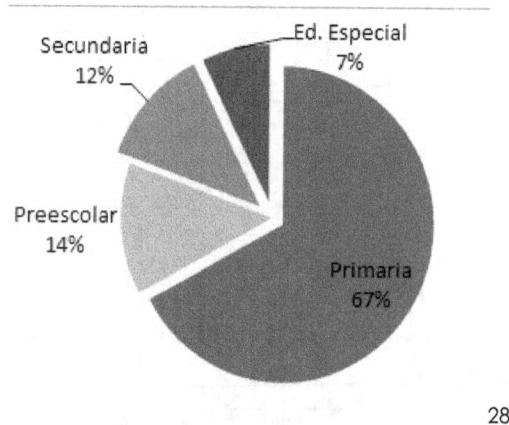

28

De los 18 docentes 13 contestaron que en los salones de clases hay de uno a dos niños con TEA,

28 Distribución de la población docente encuestada según niveles de educación a la cual pertenece.

mientras que el resto afirmó tener 3, 4 y hasta 10; es de mencionar que esta última cifra corresponde a una docente de educación primaria regular y no a una institución de educación especial. La media considera que durante los últimos 5 años han identificado un aumento significativo de prevalencia de autismo.

Desempeño del docente frente al niño con TEA

Al rededor del 83% de los docentes afirmó que siempre o casi siempre necesitan información general sobre el Trastorno del Espectro Autista y externaron desconocer las necesidades específicas en las que requieren apoyo las personas con dicho diagnóstico; dentro de su praxis consideran que el material didáctico que es obligatorio para la Educación Básica del país, no es útil ni acorde para su desempeño escolar y que por lo tanto no saben cómo enseñar los contenidos establecidos en los libros de texto.

En general[29] hubo una tendencia a denunciar que requieren de un asistente educativo (maestro sombra) que brinde atención y apoyo personal a los niños con TEA, este dato puede responder a la conformación de grupos demasiado numerosos donde brindan su servicio como docente (una media de 25 niños por salón), por otra parte habla de las pocas o nulas herramientas para trabajar respecto a necesidades y condiciones que no prevén por una parte, los planes y programas

---

[29]Para este trabajo de investigación, se consideró como media del 80 al 83 %

de estudio de las instituciones de educación superior donde se formaron profesionalmente, y por otra los planes y programas de estudio diseñados y avalados por la Secretaría de educación pública.

Aunque no dejan de considerar que las escuelas son espacios aptos para que los alumnos con TEA logren un desarrollo escolar favorable, opinan que requieren y necesitan atención especializada por fuera de las instituciones. Por otra parte hubo una tendencia mínima (de dos unidades) a considerar que los alumnos con TEA nunca o casi nunca terminan adaptándose al modelo institucional impuesto, es decir, a salones concurridos, prestando atención a la cátedra del docente frente a grupo, a regularizar su desempeño acorde a los ritmos, contenidos y evaluaciones, a espacios de juego, a timbres que llaman al recreo, entre otros.

Finalmente el 80% de los encuestados considera que los compañeros de niños con TEA les respetan e incluyen en actividades dentro y fuera del aula escolar[30], esto habla de que en la mayoría de los casos, son los infantes los que se encargan de incluir e integrar, mejor dicho de convivir dentro de la dinámica social y escolar sin prescindir de la condición de sus iguales.

Padres de familias

Se encuestó a un total de 27 padres de familia de los cuales el

---

[30]Es interesante referir que en un trabajo anterior sobre TDAH se llegó a una conclusión similar y que publicaremos a continuación.

77.8 % son de sexo femenino (F) y el 22.2% masculino (M) de estos 23 son casados y 4 son padres solteros. Sus edades se encuentran en un rango de 25 a 51 años, pero hay una tendencia a agruparse en 3: a los 30, 35 y 40 años. Las ocupaciones a las que se dedican actualmente son diversas entre las que se encuentran: Administración, comercio, docencia, ciencias médicas, entre otras; la más frecuente fue "ama de casa". Del total de la población el 74% tiene de 1 a 2 hijos de los cuales 1 es autista.

31

98

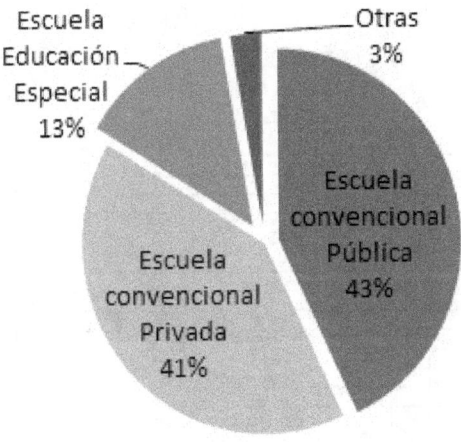

Escuela Educación Especial 13%
Otras 3%
Escuela convencional Pública 43%
Escuela convencional Privada 41%

Del total de encuestados casi a partes iguales, la mitad se han visto obligados a cambiar de manera frecuente a su hijo, mientras que la otra mitad no. Existe una tendencia del 70% de inscribir a los niños diagnosticados con TEA a instituciones regulares (de manera indistinta públicas o privadas) y en

---

32 Elección por parte de los padres del tipo de escuela para sus hijos TEA

menor medida a instituciones de educación especial.

No.	Sexo	Edad	Estado civil	Ocupación	No. de hijos	No. de hijos con autismo
1	M	42	Padre Soltero	empleado	1	1
2	F	36	Casada	ONG	2	1
3	F	35	Casada	Artista	1	1
4	F	32	Casada	Profesor Universitario	1	1
5	F	37	Casada	Docente	1	1
6	M	45	Casado	Artesano	1	1
7	M	35	Casado	Neuro psicopatólogo	1	1
8	F	41	Madre Soltera	Burócrata	2	1
9	F	40	Casada	Comerciante	2	1
10	F	25	Casada	Ama de casa	1	1
11	M	41	Casado	Obrero	3	1
12	F	31	Casada	Administrativa	1	1
13	F	27	Madre Soltera	Ama de casa	2	2
14	F	42	Madre Soltera	Empleada	2	2
15	F	38	Casada	Médico	2	1
16	F	31	Casada	Ama de casa	2	1
17	F	34	Casada	Educadora	3	1
18	M	--	Casada	Ama de casa	1	1
19	F	40	Casada	Empleada	4	1
20	M	32	Casado	Amo de casa	2	1
21	F	40	Casada	Docente	2	1
22	F	33	Casada	Ama de Casa	2	1
23	F	36	Casada	Dentista	3	1
24	F	47	Casada	Ama de casa	2	1
25	F	31	Casada	Psicóloga	1	1
26	F	28	Casada	Ama de casa	2	1
27	F	51	Casada	Ama de Casa	4	1

Modelos educativos pensados y diseñados para niños de condición autista.

Entre las ventajas identificadas por los padres de familia de estos modelos se agrupan en dos áreas: labor docente y adaptación del entorno.

Labor docente: Pueden proporcionar una educación personalizada y dirigida a las dificultades propias de cada alumno, saben cómo actuar en situaciones disruptivas o inesperadas, los docentes están mejor preparados, entienden la forma de ser del niño con autismo y respetan sus ritmos, formas de aprender, identifican y desarrollan sus fortalezas, sin dejar de lado sus debilidades, etc.

Adaptación del entorno (aula, ambiente, materiales): Los salones son menos concurridos, al aceptar a niños de varios trastornos hay igualdad y tolerancia, no se da lugar para ser víctimas de bullying.

Por otra parte resaltaron la adaptación del material de uso didáctico, un encuestado afirmó: "si al niño le proporcionan los materiales adecuados pueden aprender fácilmente y desarrollar las partes más fuertes que tienen".

Otros lo ven como un paso previo para posteriormente poder integrarles de forma paulatina a escuelas regulares donde consideran adquirirán las "habilidades básicas", a parte ven como una herramienta útil las recomendaciones que proporcionan los especialistas en autismo, para entender y guiar a sus hijos. Finalmente se identificaron casos de padres que aseguran que en sus localidades más cercanas no existen servicios de atención terapéutica ni educativa para niños de condición autista.

Desventajas de modelos educativos pensados y diseñados para niños de condición autista.

Las desventajas identificadas por los padres de familia se engloban en un solo rubro: la exclusión social.

Exclusión social: Casi en su totalidad los padres de familia coincidieron que en estos modelos no hay una integración ni lógica ni acorde a la sociedad real, consideran que adaptan tanto el entorno regular que cuando los niños salen y se enfrentan al mundo real no saben cómo actuar, cómo comunicarse, expresarse y comportarse, ejemplo de ello son los siguientes fragmentos:

"pueden acostumbrarse a estar solamente con personas autistas y la socialización con neurotípicos no se desarrollaría"...

"hay que brindarles retos para que puedan sobrevivir en la jungla de la sociedad"...

"a falta de comportamientos adecuados a los cuales imitar, se les niega el derecho a convivir con los demás, sabemos que todos aprendemos de todos"...

"Si son modelos solo para autistas, es exclusión".

Aunado a esto han expresado su preocupación por el futuro de sus hijos, en palabras de un padre de familia:

"Son diferentes enfoques, puesto que no les dan una formación académica, de nada sirve que sepan atarse los cordones o comprar cosas en la tienda, si cuando sean adultos no van a tener trabajo, la situación en nuestro país es muy difícil para ayudarlos, ellos necesitan ser totalmente independientes, incluso económicamente"...

Por otra parte expresaron que estos servicios son muy escasos y que por lo tanto son inaccesibles (económicamente hablando). Si bien muchos aceptan que estos modelos ayudan a sus hijos, de igual manera explicitaron que en general estas instituciones se aferran a usar "su método", el cual no sirve para todos los niños de esta condición, que no incluyen la educación física y que sólo los atienden a sus hijos 2 o 3 veces por semana y por un par de horas

Modelos educativos regulares.

Las ventajas identificadas de estos modelos se reduce a un solo rubro; la *Búsqueda de inclusión social*.

Búsqueda de inclusión social: En general los padres buscan en las escuelas regulares (sean o no de enfoque inclusivo) un espacio de inclusión social, fueron frecuentes expresiones que hacían referencia a la importancia de socializar con niños neurotípicos, así como los mecanismos que fuerzan a los niños de condición autista a encajar dentro del medio social.

Algunas expresiones que aluden a lo anterior son:

"estar en escuelas regulares les ayuda a enfrentarse al mundo y no vivir en una burbuja"...

"hay una mejora en las relaciones sociales cuando existe una real inclusión, y para que esto sea posible el personal de la escuela y los alumnos deben ser sensibilizados a la diversidad. Esto crea a futuro personas tolerantes y dispuestos a convivir y apoyar a la diversidad"...

"No podemos construir un mundo aparte para nuestros niños es fundamental que se integren al mundo real con todo lo que ello implica"...

" Ayuda por el solo hecho de sentir que están en un grupo con niños de su edad"...

Desventajas en modelos educativos regulares

Las desventajas del modelo educativo tal como está planteado se agruparon en tres grupos sobresalientes: Dinámica escolar, Docentes y Exclusión social.

Dinámica escolar:
En general expresaron que "el sistema no es apto para ellos", pues no respetan sus ritmos de aprendizaje, en palabras de un padre:
"el niño va con un programa anual que tiene que seguir, no importa si aprende o no".
Actividades como cortar, pegar, leer, cantar, etc. puede o no ser significativo para ellos; la ausencia de materiales diversos y adecuados o estar mucho tiempo sentados, prestar atención a la cátedra del docente frente a grupo, etc. son requerimientos del sistema de Educación Básica y suelen representar un obstáculo identificado para el desarrollo de

los niños en general, sobre todo para los niños con TEA.

En palabras de un padre de familia:

"Las Instrucciones son demasiado largas, hay presión por parte de los maestros porque no son especializados y recurren a castigos por falta de comprensión de su comportamiento"...

"Las escuelas regulares no están capacitadas, ni equipadas, así mismo se desconoce mucho sobre el tema y las necesidades de los niños con TEA"...

"para mí las escuelas no sirven a los niños TEA y tampoco para muchos otros niños, no hay aprendizaje significativo".

Docentes:
En general concluyen en la falta de preparación y actualización de

los docentes, así como el desconocimiento del TEA, lo cual conlleva a la falta de disposición por parte de los maestros.

Exclusión social:
Hubo una tendencia general a expresar que en las instituciones regulares de educación básica existen comportamientos y acciones que excluyen a sus hijos, términos como: rechazo, etiquetas, bullying, incomprensión, discriminación, acoso sexual, etc. llenaron las encuestas realizadas:
"Hay una falta de modelos que generen la concienciación de los niños con tea"...
"los maestros no los incluyan en proyectos educativos como por ejemplo en alguna interpretación teatral, actividades artísticas, etc."...

"Los maestros no están sensibilizados para apoyar verdaderamente a los niños con esta condición"...

El 96% de los padres de familia expresó que siempre y casi siempre inscriben a sus hijos en escuelas regulares porque merecen igualdad de derechos y oportunidades, así como para que puedan desarrollar las habilidades y conocimientos propios de su etapa de desarrollo. Cerca del 80% lleva a sus hijos a la escuela porque de lo contrario estaría todo el día en casa y no tendría la posibilidad de convivir con niños de su edad, de igual manera consideran que sus hijos son felices en estos ambientes. En esta misma relación los padres concluyen que si sus hijos van a escuelas regulares, terminarán adaptando su comportamiento observando e imitando a niños de su misma edad y con ayuda de los profesores.

Finalmente la mitad de la población encuestada recurre a las instituciones escolares porque considera que en estos lugares pueden encontrar información sobre cómo tratar y ayudar a su hijo.

Conclusión:

Después de leer y releer las opiniones y los datos de la encuesta, considero los lugares desde donde se contestaron las encuestas, y me doy cuenta que son padres y docentes del todo el territorio mexicano, y que solo representan a quienes tienen acceso a la herramienta informática, y no a los innumerables y recónditos espacios, donde comunidades originarias aisladas de todo, de los servicios de electricidad e internet, procuran un lugar que también llaman escuela.

Theo Peeters, tenía una visión muy clara de cuál era y es, el verdadero problema del autismo, adhiero a esta visión y este trabajo de investigación lo confirma.

El principal problema del autismo, es el desconocimiento que tiene la sociedad toda en relación a la condición autista y la persona autista, padres que buscan donde no hay; docentes que creen el TEA es una discapacidad cualquiera de la cognición, y no entienden por qué se llenan sus aulas con niños que no pueden aprender. Y en el medio de la necedad, los niños con y sin TEA, tratando de sobrevivir a la ignorancia.

Realidad dentro de la escuela.

Observación directa participante en una escuela de enfoque "incluyente" en la Ciudad de México.

Durante la observación realizada se evidencia que durante el horario de clases escolares las puertas de los salones permanecen cerradas. Los actos cívicos y simulacros son llevados a cabo en un patio trasero, dentro del cual cada grupo tiene asignado un lugar específico, en estos lugares, los alumnos son formados en dos filas clasificadas por género.

Grados escolares donde hay niños con TEA (Trastorno del Espectro Autista)

Grado escolar	Número de alumnos			Alumnos con TEA	
	Total	Niños	Niñas	Niños	Niñas
1° A	21	8	13	1	1
2° A	21	9	12	1	0
4° A	16	10	6	1	0
4° B	15	9	6	3	0

Es de resaltar que de los 6 chicos observados, uno no cuenta con herramientas de habla.[33]

Actividades escolares y acontecimientos dentro del salón de clases

Durante las sesiones escolares se pudo observar que de los 7 alumnos con TEA, sólo 6 estuvieron presentes durante todas las sesiones de observación .De los 6 alumnos presentes sólo uno

---

[33] No se pudo inferir si el niño podía acceder a algún tipo de lenguaje ampliado, parecía tener intención comunicativa, pero era no verbal.

realizaba la misma actividad requerida para el resto del grupo, mientras que el resto realizaba actividades diversas y todas diferentes. Es de resaltar que todos y cada uno de los niños con TEA observados se comportaba de manera particular y diferente, de igual manera cada uno contaba con habilidades muy particulares y por tanto necesidades específicas que no fueron atendidas por el docente.

En general todos muestran comportamientos y actitudes diferentes y diversos durante el salón de clases, sólo 1 realizaba las actividades didácticas, el resto realiza otras actividades mediante las cuales se distraía y ocupaba la mayor parte del tiempo (pasear, salir al baño, ver imágenes de libros," jugar" con útiles escolares, etc.).

La observación realizada se divide en los siguientes parámetros:

Actividades escolares

En general son pocas o nulas, tratan de realizar sus actividades de forma individual, no buscan la aprobación de los docentes ni de pares en las actividades realizadas. En hora de clase suelen iniciar las actividades indicadas por los docentes sólo por un momento.

Actividades no escolares que realizan durante las sesiones y en las que dedican mayor tiempo: Estas actividades por lo general son únicas y exclusivas de cada niño.

Suelen ver fijamente al horizonte.

Suelen salir de manera constante del salón y tardar en regresar.

Cuestionan frecuentemente a los docentes y a su grupo cosas como:

¿Por qué suena la campana para los niños?

¿Por qué debemos de hacer esa actividad maestra?.., etc.

Realizan las actividades incompletas y de forma pausada, por ejemplo: si se les pide recortar, hacen un par de cortes y se detienen, enseguida realizan otras actividades no escolares como, gatear, pasear, salir al baño, etc.

Suelen pararse y pasear por el salón haciendo movimiento (estereotipias) con su cuerpo.

Uno de ellos tiene la preferencia de tener sólo y únicamente sobre su butaca una bolsa (lapicera) que contiene, colores, lápices, goma, etc. Realiza por un par de minutos una actividad y vuelve a colocar sobre su butaca únicamente su bolsa lapicera.

Durante clases uno de ellos se entretiene viendo sus dedos, o los lápices de colores que se encuentran en el escritorio de la docente.[34]

Actividades sociales

La mayoría no mantienen ningún tipo de contacto con compañeros y docentes.

En más de una ocasión se quejaron de burlas, o actitudes negativas por parte de sus compañeros de clase.

---

[34] Se describen las acciones tal cual suceden sin identificar al niño, el propósito es crear una imagen en el lector de acciones y estas en el contexto áulico, se entienden por actividades escolares las que el docente sugiere al grupo.

Solo uno de los 6 busca contacto social mediante acciones poco convencionales como: hacer caras, reír de forma compulsiva y sin control, dar a oler a compañeros diversas cosas, etc.

Algunos miembros del grupo hacen bullying a los compañeros con TEA, a lo cual responden de manera negativa, llorando o acusando a otros con los docentes por las actitudes de sus compañeros, sin embargo de manera general no se hacen mayores comentarios o actitudes frente a las situaciones suscitadas por los compañeros diagnosticados con TEA.

Nota:

Un compañero de la única niña con TEA del presente estudio, se acercó y me dijo en susurro: Esa compañera "llora todo el tiempo, a parte en el recreo nada más persigue a los gatos"...

Entorno
La niña con TEA cada que suena el timbre, llora, pide a gritos que deje de sonar la campana, al tiempo que tapa sus oídos con sus manos, tiene la misma actitud, con cualquier sonido considerado para ella fuerte (el tono de voz del director, ruido en el ambiente durante el receso, etc.).

Juegos
Se observaron actividades consideradas de alguna manera lúdicas como subir y bajar repetidamente la barra de pegamento, pasar de una palma a otra gel anti bacterias, tocar la pared mientras caminan, dar de vueltas, repetir movimientos con extremidades, meter la cabeza

dentro del gorro de la sudadera de un profesor, etc.

Una de las alumnas observadas aprovechó un descuido de la docente para dibujar en el pizarrón lo siguiente:

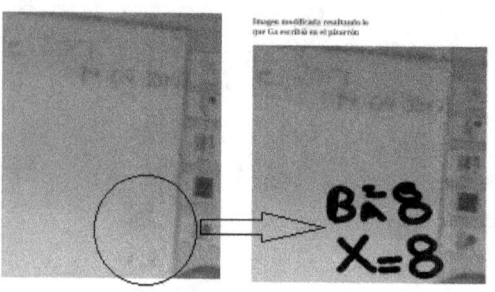

Imagen modificada resaltando lo que Cla escribió en el pizarrón

$$B = 8$$
$$X = 8$$

[35]

Recreo

Mientras todos corren y juegan. Los niños con TEA se encuentran solos, corriendo alrededor de las mesas en las que comen los maestros, metiendo su cabeza en el gorro de

---

[35] No fue un requerimiento docente, fue un acto espontáneo, una ecuación que pierde significado porque el docente no tomó en cuenta e ignoró.

la sudadera de uno de ellos de manera repetitiva, reproduciendo movimientos con el cuerpo, otros tratan de integrarse a los juegos en los que se tiene que correr, sin embargo no siguen en ningún momento las reglas, ellos corren, pero en realidad nadie los participa en el juego. En específico uno de ellos lloró todo el recreo en todas las ocasiones, pidiendo sus "documentos" y solicitando que "todos se callen".[36]

Docentes frente a grupo y docentes en formación (adjuntos)

Algunos docentes para incorporar al niño con TEA en la actividad didáctica toman su mano haciendo por ellos el apunte,

---

[36] Como con el ejemplo anterior, nadie escucha. La demanda o voz de un niño TEA no parece ser de importancia.

piden que sostenga la hoja mientras el docente es el que recorta, etc. En general muestran con su actitud no saber cómo hacer frente a las situaciones suscitadas en el ámbito escolar y social con los alumnos con TEA, sin embargo en todo momento se muestran atentos e interesados en proporcionarles ayuda cada vez que lo requieren.

Nota:

La subdirectora de la escuela mientras lloraba la niña diagnosticada con TEA en el receso llamó la atención de las docentes, pidiendo no hacerle caso, pues asumía que estaba consiguiendo su objetivo "llamar la atención de todos", la niña quedó sentada en el suelo llorando sola.

Conclusiones (del observador)[37]

Empezaré por decir que *creer es lo mismo que crear,* cada rol identificado tiene una percepción distinta de lo que es el niño TEA y de lo que requiere para su desarrollo humano y escolar. Cada grupo partícipe de este trabajo fue pieza esencial para entender el complejo de situaciones aunadas en el fenómeno social del autismo, se consideró como error grave ver el TEA como elemento aislado del contexto donde se analizó. Por una parte el deseo e interés de los padres y de las escuelas "incluyentes" bajo el precepto igualdad en derechos y oportunidades, nos habla de que existen en el mundo tantos

---

[37] Las conclusiones son un apartado que redactó Isabel Reyes Romero, la observadora en cuestión. Quise dejar tal cuál estas impresiones que considero de gran valor ético y sensibilidad.

problemas de convivencia como diversidad y particularidades en la humanidad.

Padres y docentes inmersos y unidos por el TEA se encuentran en diferentes posiciones y circunstancias, y en diferentes niveles de exigencias impuestas por la sociedad en la que vivimos. Todos se hacen preguntas sobre la condición del niño con TEA, que realmente son innecesarias porque no existen respuestas reales. Con lo anterior me refiero a que nada existe sino hay alguna forma de mirada que lo reciba, en todos y cada uno de nosotros se encuentra la responsabilidad de ver al otro como: exitoso, como único, como especial, como un ser maravilloso, como humano. Todos se preocupan por el desarrollo escolar de los niños en general, que es sinónimo de progreso y éxito, cuando en realidad, todos los seres humanos fracasamos en un sentido o en otro, en un momento dado o después.

El TEA es todo y nada, todas las condiciones del ser humano son tan poco conocidas como mal interpretadas, produciendo como resultado una compasión mal fundamentada, mientras observaba a los niños en la dinámica escolar, pude notar dos extremos, mientras que unos estaban en su mundo, sin recibir (al menos no de manera notoria) los estímulos del entorno, otros sufrían estando dentro de la escuela.

Los neurotípicos ideamos códigos, elaboramos mensajes, intuimos estímulos, planeamos respuestas que tenemos dificultad en expresar, nos apoyamos en la lectura labial, entonación, gestos, comportamientos, circunstancias, etc., las personas con TEA no, o no siempre, no lo sé. Me imagino que es como llegar a China, no conocer el idioma, los modos sociales, las costumbres y tradiciones, etc. y que por estos motivos nos tachen de locos, insanos, ridículos, enfermos, débiles mentales.

En nuestra ignorancia de la condición y bajo un corpus de proposiciones consideradas como verdaderas, construimos una serie de expectativas, obligaciones y determinaciones para los niños con TEA. Entiendo y trato de ser empática con los dos roles de padre y docente, pero trato de ser aún más empática con estos niños que bajo una etiqueta "el autista", sufren por nuestra inflexibilidad y rigidez que va acorde al modelo del "niño ideal".

Hay que saber ponernos en falta, y aceptar que si no entendemos al niño con TEA es nuestro problema y no su problema, porque si cambiamos los papeles un momento quienes quedaríamos en el papel de "incapacitados" seriamos nosotros como sociedad al no entender al otro en su particularidad. La inclusión no está en un modelo escolar, está en nosotros, en crear modos acordes a lo único genuino que tiene la humanidad, la diversidad.

Para mí todo está construido sobre errores y sobre verdades, me ha tocado salir a la calle acompañando a algún chico con TEA, las miradas indiscretas y las risas burlonas se hacen presentes. Y yo solo me pregunto ¿Para qué tener un grado profesional de licenciatura o posgrado sino sabemos construir cosas positivas? Porque es de considerar que todo está ordenado de tal forma, para que salga triunfante la población neurotípica sobre los que salen de su "normalidad" (norma).

Por otra parte docentes y padres de familia consideran que el sistema escolar tal como está planteado no sirve para las personas diagnosticadas con TEA ¿Entonces por qué buscan la inclusión bajo el precepto de igualdad de derechos y oportunidades? Ante esta pregunta no se me ocurre ninguna respuesta. Es obvio que la escuela representa un microcosmos de la sociedad en general y que lo único que se busca en este espacio es la "inclusión", cuando en realidad muchas de nuestras acciones actúan de forma excluyente, para la población autista como para muchas otras condiciones.

"Entre niños" Pequeña Investigación II

Es fácil suponer entre adultos las formas que tenemos para referirnos a los "desiguales", una de las conquistas del adulto es haber acumulado un bagaje bastante amplio de prejuicios, entre lo que debe y no ser. Con la suficiente dialéctica de lo aprendido se modo significativo, a través de la infancia escolarizada, como para poder "clasificar" y "etiquetar" y diagnosticar", sin que el alma tenga el más mínimo titubeo ético y la no cuestionada conciencia duerma tranquila. ¿Pero los niños, que hay de estos perversos polimorfos (como diría Freud), cómo ven al otro diferente?, sabemos del bullying, las palabras que discriminan; siempre existieron (antes le llamaban, gordo, enano, perezoso, pecoso) y en tanto consecuencia de haber sido educados y educar en la diferencia, las razones para burlarse del otro siempre estuvieron presentes; y entre los niños más; pero esta investigación claramente denuncia, que no con la misma connotación del adulto.

Para tal fin se utilizó una breve historia que muestra en cuatros cuadros el comportamiento "inaceptable"[38] de nuestro protagonista "Loomy", y como he visto por sus pares, sí reconocen algún compañero de estas características y como es denominado, llamado por el grupo. La misma historia fue dada

---

[38] Se eligió describir algunos comportamientos de los característicos del TDHA (Trastorno por déficit de atención e Hiperactividad), para que fuera más fácil de identificar entre la población infantil y los docentes.

a los maestros para que también respondiesen.

Solo voy a exponer una síntesis del trabajo y el análisis de los elementos más ponderdantes en relación a la visión de los niños y los adultos sobre un posible trastorno.

El trabajo fue llevado a cabo en una escuela pública primaria, en el Tercer Grado en la Ciudad de México.

El objetivo del trabajo de investigación fue precisamente despatologizar el trastorno por déficit de atención e hiperactividad, para lo cual se mirará la conducta representativa de dicho trastorno a través de la mirada de los niños que conviven con niños diagnosticados con el mismo, que libres de prejuicios sociales y adscripciones médicas nos ofrezcan una visión más sana de este trastorno del desarrollo.

Daremos una pequeña reseña del TDAH, para que se comprenda el trastorno que se usó como ejemplo.

Antecedentes del TDAH
León Eisemberg y Mike Rutter defendieron la inclusión de un síndrome hipercinético en la segunda edición del DSM (1969). Esto le atribuye a Eisemberg el título de" descubridor del TDAH", que según él mismo dice, ya estaba bastante descubierto (aunque se le llamaba con otros nombres) en 1947, cuando se graduó en la facultad de Medicina.

En 1994 se considera como síndrome neurológico con una alta

posibilidad de transmisión genética.

A partir de este nuevo paradigma las dificultades relacionadas con el aprendizaje y la conducta infantil se empezaron a tipificar con una sintomatología específica' para cada diagnóstico patológico, aplicando pruebas psicológicas, estudios electro encefalográficos, etc. quitando completamente la atención a los factores sociales y/o culturales.

Según el DSM - *Diagnostic and Statistical Manual of Mental Disorders* (manual diagnóstico y estadístico de trastornos mentales), publicación realizada por la Asociación Americana de Psiquiatría, que sirve de referencia/guía para gran parte de los profesionales sanitarios en el diagnóstico de trastornos mentales. El TDAH es un patrón persistente de inatención y/o hiperactividad-impulsividad que interfiere con el funcionamiento o desarrollo que se caracteriza por inatención y/o hiperactividad e impulsividad.

Metodología

Mi pregunta fue sencilla ¿cómo es que se "etiquetan" los niños entre sí? y ¿cómo "etiquetan" los maestros a estos niños? Con el objetivo de saber cómo son considerados a partir del nombre que se les atribuye como "etiqueta", se partirá de una suposición personal, donde los niños en un sano desconocimiento técnico y la no necesidad de legitimación, se contrapondrán las palabras que ellos atribuyen con las de los maestros, que son a partir de su experiencia y formación académica.

Para tal ejercicio, se inventó una historia de un niño llamado Loomy, en una serie de cuadros que describen aspectos generales del TDAH, al final se realizaron dos preguntas:

- ¿Hay en tu aula niños como Loomy?
- Usando una sola palabra, ¿Cómo le dicen los niños de tu salón a los niños como Loomy?

Para la primer pregunta se dieron las opciones si y no y para la segunda se especificó escribir una sola palabra, este ejercicio fue respondido también por docentes.

Con la autorización del director de la escuela primaria "El Año de Juárez" ubicada en la Delegación Iztapalapa, Ciudad de México se aplicó el cuestionario al grupo de tercer año de primaria con un total de 20 alumnos y a 5 docentes.

Como consideración importante se pidió a los alumnos escuchar y leer la "historia de Loomy" y no decir, sino poner expresamente por escrito lo que ellos considerasen para contestar sobretodo la segunda pregunta, con el propósito de que nadie se sintiera agredido u ofendido y para que fuera un criterio totalmente personal.

Loomy

Loomy, era el más gracioso del aula, hacía cosas chistosas todo el tiempo y la maestra se enojaba, pero Loomy no hacía caso...

Cuando empezábamos una actividad que a todos nos gustaba, Loomy, no hacía nada pensaba que cosas hacer para molestar o hacernos reír.

Loomy, estaba todo el tiempo distraído...

¿Hay Niños como Loomy en tu aula?

SI   NO

Usando una sola palabra, ¿cómo le dicen tus compañeros a los niños como Loomy?

Todos los alumnos atendieron correctamente las indicaciones, el docente frente a grupo contestó al mismo tiempo el cuestionario, después de recoger los instrumentos de investigación, se aplicaron otros cuatro cuestionarios a docentes que se encontraban en la escuela.

Resultados

Del cuestionario se desprende que el 55% de los niños advierten un compañero con las características de Loomy en su clase.

Según es colocado un nombre para un niño como Loomy, El 25% coloca un apelativo no peyorativo, un juicio de valor (Chistoso- Gracioso), el otro 25% no coloca un apelativo recurre a condenar o reprochar las actividades de Loomy con una frase, asumiendo un rol como administradores de autoridad, el resto 50% usa diferentes apelativos, un niño individualizó a una persona que no pertenecía al grupo de estudio.

El 100% de los docentes advierten algún niño con las características de Loomy en su salón.

Respecto de cómo es "nombrado" este niño, dos de cinco docentes encuestados identificaron a un niño en particular, el resto utilizo apelativos, no técnicos. No fueron taxonomías referidas a la psicología conductual o cognitiva.

Conclusiones II "Entre Niños"

Con respecto a la primera pregunta casi la mitad de los niños, el 45% No identificó a niños como Loomy mientras que el 100% de los docentes Si los identificó.

En la segunda pregunta los niños usaron predominantemente el apelativo "chistoso" y el "reproche con una frase" con acento represivo en su totalidad, se encontraron frases como

"cállate por favor",

"por tu culpa la maestra nos regañó",

"que haga la tarea", etc.

Mientras que en los docentes hubo una tendencia a individualizar, escribiendo el nombre personal de la persona a las que le remitía dicha descripción.

Era de esperarse que los apelativos que se repitieron con más frecuencia por parte de los alumnos que No pudieron identificar a alguien del salón con la sintomatología de TDAH son los que los describieron como "gracioso", sin tener valor peyorativo alguno, mientras los alumnos que Si lo pudieron identificar son los que escribieron alguna frase en donde sentenciaban con voz de "autoridad", lo cual conlleva a deducir que no ven a sus compañeros con estas características como iguales, sino, que lo hacen desde un rol de superioridad y represivo.

Al ver las respuestas de los instrumentos de evaluación me llevé una sorpresa por la falta de conocimiento del término TDAH por parte de los docentes, pues ninguno hizo uso de terminología técnica de ninguna clase (psicológica, educativa, médica) y en especial porque casi la mitad de ellos señalaban directamente a la persona que coincidía con las características descritas, y en los apelativos usados si había un juicio de valor negativo, como:

"latoso"

"incomprendido"

"especial".

Respondiendo a las preguntas que guiaron el problema de investigación se evidenció que los niños estigmatizan en menor medida a compañeros de "comportamiento" característico, pues casi en su totalidad no etiquetaron de forma alguna dicho comportamiento, por el contrario los docentes ni siquiera tuvieron conocimiento para etiquetar al niño, solo lo descalificaron.

Nos expresamos respecto de lo que aparece como diferente, de manera intuitiva con mayor o menor valoración del modo, según la propia conciencia que tenemos sobre nosotros y el entorno. Los maestros que tienden identificar un niño en particular, identifican en este sujeto la propia incomprensión del fenómeno. Estos adolecen de recursos para nombrar, lo que ignoran, y el conflicto estriba en que No pueden con el mandato pedagógico. Estigmatizando en un niño una problemática, que no está en las personas sino en el modo social de la educación, lo que se espera de los niños en la escuela y lo que espera la sociedad de estos niños...

Inclusión en la educación

Terminando esta pequeña reseña que resultó más en un panfleto que un libro, podría concluir refiriéndome a México pero creo sin temor a equivocarme que me refiero a toda la comunidad Latino Americana, cuando pienso en los principios de inclusión y, ¿si son una posibilidad en nuestra sociedad?

He pensado mucho en la inclusión como un bien social, un aspecto más humanizado de convivencia. No en términos de un objetivo sino en una suerte de destino común. Por muchos esfuerzos que como sociedad realicemos para querer "incluir" a otros, proponiendo métodos, estrategias y adecuaciones; soy pesimista, "la inclusión" está golpeando nuestras puertas.

El espacio social que comenzó a tambalear, a resquebrajar su estructura desde los cimientos mismos es la escuela. La escuela que ahora lucha por sostener un sistema y sobrevivir, en no más de cinco años colapsará como esos castillos hechos de naipes; y una arrastrará a la otra y de modo vertiginoso se propagara este colapso de ciudades a países y luego a continentes. Cinco años para lo que supongo el colapso global del modelo educativo.

La semana pasada un experto de la condición del autismo en México, el Psic. Eduardo Díaz Tenopala, durante la presentación de un libro, dio este ejemplo:"... cuando era niño mis padres me contaban que los zurdos, eran una aberración y ser zurdo era algo que la escuela procuraba corregir atando tu mano izquierda hábil obligándote a usar la derecha, en mi niñez ser zurdo en la escuela era una rareza de la cual podía presumir (Eduardo es Zurdo), hoy a nadie le importa si alguien es o no zurdo", del mismo modo sucederá con todo los denominados "trastornos".

Sin temor a realizar una apreciación muy poco conservadora, la mitad de los niños de un aula cualquiera en las escuelas de Latino América, tiene un problema de aprendizaje de algún tipo y al menos el 30% puede recibir un diagnóstico por algunos de los denominados Trastornos del Neurodesarrollo.

¿Qué hará el docente en cinco años más, cuando el número de niños con dificultad para aprender sea superior al resto?

¿Seguirán cambiando los programas de estudio?

Deberán reconstruir el sistema educativo desde los escombros, hacer resucitar la escuela como el Ave Fénix, de algo estoy convencido, no será a partir del mismo paradigma educativo.

La inclusión es un hecho para la condición humana porque estamos llamados a la convivencia.

La inclusión, no solo nos replantea construir un hombre a partir de valores comunes de equidad, sino además forma parte de la ontología de la cultura global.

La inclusión educativa es en términos ontológicos una consecuencia inevitable de la cultura, y la cultura no se impone ni se diseña en un escritorio, la cultura se forja, en un deseo de permanecer confirmándonos unos a otros como seres humanos con derechos y obligaciones.

Sería una buena idea...

Sería una buena idea en este contexto y mientras se produce la revolución cultural de la inclusión a todo nivel, ir preparando las instituciones para la transición.

Sería una buena idea, que los gobiernos entendieran que el camino a la educación inclusiva tiene que ser a partir de otro paradigma en el modelo educativo. No se trata de adecuación de contenidos, sino de adecuar las mentes de los docentes a otras posibilidades de aprendizaje.

Sería una buena idea que los docentes, fueran educados como

científicos del aprendizaje; deberían tener una sólida formación en neuro ciencias y neuro aprendizaje y crear una nueva epistemología de la pedagogía. Hay y muchos grandes pedagogos que ven esta realidad y señalan el camino.

Sería una buena idea una educación, no competitiva, personalizada, de relación uno a uno, una educación que pondere la persona y su modo extraordinario de aprender, sobre el contenido académico. Que impulse el desarrollo de una persona y no fabrique un exitoso, que entienda los conflictos como desafió y no las pruebas estandarizadas como un modo de discriminación.

Sería una buena idea un modelo de escuela democrática, sin un esquema piramidal, castrense, donde los principios que la rigen distan mucho de los principios de inclusión equitativa, una escuela donde para el desarrollo del niño sea tan importante la participación del ordenanza, como el pedagogo.

Sería una buena idea, que los niños fueran vistos como alumnos, usinas generadoras de su propio conocimiento y no como clientes, que se los empodere y eduque en la autodeterminación, que se los guíe en la tarea de comprender que la escuela es un espacio que les pertenece, que debe cuidar, que debe hacer sacrificios por mantenerlo limpio, que tallar un pupitre, o barrer algo del suelo, son actividades que dignifican, dan sentido de pertenencia y forjan el carácter cooperativo.

Sería una buena idea educar en las denominadas inteligencias afectivas, en lugar de castigar o disciplinar, enseñarles a los niños asumir las consecuencias de sus actos, y permitirles que atraviesen esa experiencia. No crecemos o desarrollamos a partir de los aciertos sino de los errores.

Sería una buena idea... la inclusión educativa en México.

Bibliografía

Acevedo, Fernando -1987, Sociología de la educación; introducción al estado de los fenómenos pedagógicos y de su relación con los demás fenómenos sociales

Blog sobre el alumnado con TDAH Recuperado el 01/12/10 en https://educaciontdah.wordpress.com/webs-sobre-tdah-para-profesores/

Bourdeu, Pierre y Jean- Claude Passeron 1970 La reproducción. Elementos para una teoría del sistema de la enseñanza.

Contreras Hernández, María de Lourdes -2010 Propuesta de acompañamiento pedagógico para adultos con trastorno de deficit de atención con hiperactividad TDA-H

DSM en su edición IV- TR 2002. 30

de marzo 2012) La prevalencia de autismo, más alta que nunca. Recuperado de: http://www.bbc.com/mundo/notic ias/2012/03/ autismo_prevalencia.

Foucault Michel "Historia de la locura" 1961

Foucault Michel "Los anormales", 1975

González Luna Rodrigo Hiroshi 2010 La frecuencia del TDAH en un grupo de escolares asmáticos en comparación con controles sanos del Instituto nacional de Pediatría

González Luna Rodrigo Hiroshi 2010 La frecuencia del TDAH en un grupo de escolares asmáticos en comparación con controles sanos del Instituto nacional de Pediatría

González Rincón José Luis 2000 El diagnóstico del

TDAH/ un caso.

INEGI. Sistema Nacional de Información. (2015) Estadística Educativa. Recuperado de: http://cuentame.inegi.org.mx/pobl acion/asistencia.aspx?tema=P

Jiménez Ramírez Magdalena, Aproximación teórica de la exclusión social: Complejidad e imprecisión del término, consecuencias para el ámbito educativo. 2008, Universidad de Granada, Recuperado de : http://www.scielo.cl/pdf/estped/v 34n1/art10.pdf

Jiménez Ramírez, Aproximación teórica de la exclusión social: Complejidad e imprecisión del término, consecuencias para el ámbito educativo. 2008, Universidad de Granada, Recuperado de: http://www.scielo.cl/pdf/estped/v 34n1/art10.pdf

M. Foucault "Los anormales", 1975

M. Foucault "Historia de la locura" 1961

Lévi- Stráuss, Cláude. Antropología Estructural, 1974

Lévi- Stráuss. "Raza e historia" en Antropología Estructural

Murguía Torres y Soria Hdz. Educación e integración educativa en México. Recuperado en http://www.udgvirtual.udg.mx

Patricia Pineda, Crónica Universitaria Diario Sur al Dr. Miguel López Melero; el 20 de Marzo del 2018.- http://www.diariosur.es/cronica-universitaria/profesores-deben-saber-20180320000742-ntvo.html

PMFARMA Portal Iberoamericano de Marketing Farmacéutico Recuperado el 01/12/2010 en http://www.pmfarma.com.mx/noti cias/3859-tdah-en-mexico-unproblema-de-salud-publica..html

Secretaria de Planeación, Evaluación y Coordinación. Dirección General de Planeación, Programación y Estadística Educativa. Ciclo escolar 2015-2016. Recuperado en: http://www.snie.sep.gob.mx/desca rgas/estadistica_e_indicadores/est adistica_e_indicadores_educativos _33Nacional.pdf

SEP, (2015). Historia de la SEP, Recuperado de: https://www.gob.mx/sep/acciones -y-programas/historia-de-la-secretaria-de-educacion-publica-15650?state=published

Torres Murguia y Hdz. Sonia Educación e integración educativa en México. Recuperado en http://www.udgvirtual.udg.mx

Trastornos del Espectro Autista. (Abril, 2017) Recuperado http://www.who.int/mediacentre/f

actsheets/ autism-espectrum-disorders/es/

Urraco Solanilla y Nogales Bermejo, 2013, MICHEL FOUCAULT: El funcionamiento de la institución escolar propio de la Modernidad, Recuperado en: http://institucional.us.es/revistas/anduli/12/art_9.pdf

www.ingramcontent.com/pod-product-compliance
Lightning Source LLC
Chambersburg PA
CBHW072047280526
45788CB00006B/2214